CHARLES
FABRE DE LA BÉNODIÈRE

ANCIEN CONSEILLER
A LA COUR D'APPEL DE BORDEAUX

CHEVALIER DE LA LÉGION-D'HONNEUR

1827-1891

NOTICE

PAR

CH. BOREAU-LAJANADIE
SON COLLÈGUE A LA COUR D'APPEL DE BORDEAUX

« Heureux celui qui, arrivé au terme
de sa carrière, peut en remonter le
cours sans y rencontrer de défaillance,
et dont la vie, dans son imposante
unité, défie l'injure et commande l'estime et le respect de tous !... »

(*Éloge du premier Président Ravez*,
prononcé par FABRE DE LA BÉNO-
DIÈRE, le 4 novembre 1873.)

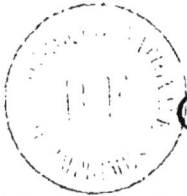

CHARLES
FABRE DE LA BÉNODIÈRE

ANCIEN CONSEILLER

A LA COUR D'APPEL DE BORDEAUX

CHEVALIER DE LA LÉGION-D'HONNEUR

1827-1891 *64*

~~

NOTICE

PAR

CH. BOREAU-LAJANADIE

SON COLLÈGUE A LA COUR D'APPEL DE BORDEAUX

> « Heureux celui qui, arrivé au terme
> de sa carrière, peut en remonter le
> cours sans y rencontrer de défaillance,
> et dont la vie, dans son imposante
> unité, défie l'injure et commande l'es-
> time et le respect de tous !... »
>
> (*Éloge du premier Président Ravez*,
> prononcé par FABRE DE LA BÉNO-
> DIÈRE, le 4 novembre 1873.)

L 28 avril 1853, le *Moniteur universel*, journal officiel de l'Empire, annonça que M. Charles Fabre de la Bénodière, avocat, était nommé juge suppléant au tribunal de première instance de Périgueux. Ce décret ne fut pas sans causer un certain étonnement dans le monde judiciaire du ressort de Bordeaux. On se demanda quel était cet étranger, assez hardi et assez désireux de porter la toge, pour accepter, dans le chef-lieu de la Dordogne, où il était absolument inconnu, des fonctions non rétribuées.

On alla aux renseignements et l'on apprit que

nous devions cette recrue à notre éminent procureur-général, M. Raoul Duval, qui, pendant
quelques mois passés à Orléans, avait apprécié
La Bénodière, avait reconnu en lui les qualités
du magistrat, et sachant que les goûts corres-
pondaient aux aptitudes, avait déterminé le
jeune stagiaire à venir commencer, sous sa
direction, une carrière dont il devinait le brillant
avenir.

A Orléans, la nomination de La Bénodière
causa moins de surprise. On savait ce qu'il
valait et ce qu'il voulait, mais on regretta que
le procureur-général d'Orléans n'eût pas eu la
perspicacité de son collègue de Bordeaux.

.·.

Les parents de La Bénodière habitaient
Orléans depuis son enfance : la considération
générale les y avait accueillis et ils avaient su s'y
créer de précieuses amitiés. L'éducation de leur
fils unique devint la chose essentielle de leur
existence. Ils s'y dévouèrent l'un et l'autre de
tout cœur, et, grâce à eux, La Bénodière ne
connut ni les ennuis de la pension, ni les dan-
gers de la vie d'étudiant. Il suivit, externe seulement, les classes du lycée, y remporta des
succès, puis prit ses inscriptions et passa ses

examens à l'École de droit de Paris, mais sans s'éloigner du foyer domestique. Il trouvait là une aisance confortable, des habitudes élégantes, des relations choisies, mieux encore, les exemples d'une piété solide et éclairée, les conseils d'un père excellent et des trésors de tendresse maternelle.

L'étude du droit, qu'il ne séparait pas de l'histoire, de la philosophie et des belles-lettres, les œuvres de la charité chrétienne, par lesquelles il complétait la pratique de ses devoirs religieux, lui laissaient encore assez de temps pour les plaisirs d'un monde où la gravité des vieilles mœurs orléanaises n'empêchait pas qu'on s'amusât, et c'est ainsi qu'il passa de l'adolescence à la jeunesse, développant, sans efforts et sans obstacles, les riches instincts d'une nature généreuse favorisés par une culture exquise.

Il brilla partout : au palais, dans les réunions mondaines, aux conférences de Saint-Vincent-de-Paul; adulé des uns, envié des autres, honoré de fidèles affections que ni le temps ni l'absence ne devaient altérer, et particulièrement aimé de l'illustre évêque d'Orléans, Mgr Dupanloup, qui l'appelait son *enfant gâté*. Le grand lutteur avait reconnu un disciple.

.·.

Doué d'une parole prompte, franche et colo-
rée, où se reflétaient la vivacité de son intelligence, l'ardeur de son tempérament, l'indépendance de son caractère, La Bénodière était un
causeur charmant et spirituel, volontiers agressif
et mordant. S'il n'était pas encore orateur (personne, parait-il, ne nait orateur), il possédait
toutes les qualités qui font qu'on le devient.

On se rappela longtemps sa première plaidoirie devant la chambre correctionnelle de la
Cour. C'était en 1849. Il défendait un pauvre
gueux déjà condamné vingt et une fois, et avait,
en face de lui, au parquet, un magistrat qui
devait son siège d'avocat-général à la récente
révolution. Obtenir un acquittement était chose
impossible. L'avocat « se jeta à côté ». Il fit
l'histoire de son client. Détenu en 1830, détenu
encore en 1848, ce malheureux n'avait pas pu
prendre sa part dans les révolutions, alors que
tant d'autres, plus favorisés de la fortune, de-
venaient magistrats ou sous-préfets... Et alors,
avec une assurance, une verve, une ironie, qui
émerveillèrent le nombreux auditoire venu pour
l'entendre, le débutant développa ses théories
sur les erreurs et les iniquités de la politique,

sur la chasse aux places, sur l'ambition des
médiocrités, etc. Absolument maître de sa parole, il ne dit que ce qu'il voulait dire, et ne laissa
prise ni aux réquisitions du ministère public, ni
aux observations de la Cour. Quant au client,
son casier judiciaire s'allongea d'une vingt-
deuxième condamnation.

. .

Un autre jour, devant les assises, La Bénodière avait été chargé d'office de défendre une
voleuse. Le volé était un vieillard, fort honnête
homme, mais que ses infirmités avaient rendu
ridicule et dont on se moquait dans les rues
d'Orléans.

Il y avait là matière pour une plaidoirie plai-
sante, qui eût peut-être désarmé les jurés en les
faisant rire. On s'y attendait un peu, et déjà,
par précaution, le président recommandait à
l'avocat de respecter les témoins. Mais il ne
convenait pas à La Bénodière de s'associer aux
risées publiques : au contraire, il protesta contre
ce qu'il y voyait de stupide et d'injuste, et, ne
s'apitoyant que sur son malheureux adversaire,
il laissa condamner au maximum de la peine sa
cliente, en faveur de laquelle il n'y avait rien à
dire de sérieux.

.·.

D'autres qualités que les qualités oratoires sont nécessaires à l'avocat. Si les théories philosophiques du droit civil et du droit criminel satisfaisaient l'intelligence de La Bénodière, il s'habituait plus difficilement aux subtilités de la procédure et à la pratique des affaires. D'un autre côté, les audaces de sa parole, quelquefois imprudente, ne ménageaient pas toujours suffisamment l'intérêt des clients... Sans doute il serait arrivé à combler ces lacunes, à corriger ces écarts, à se créer au barreau une renommée et une clientèle ; mais ses aspirations le portaient ailleurs. Il se sentait vigoureusement armé pour les luttes de la parole et voulait consacrer ses armes à la défense d'une grande cause. La magistrature le tenta.

.·.

Les fonctions de la magistrature sont diverses. La magistrature assise, cachée dans la chambre du conseil, silencieuse à l'audience, ne séduit guère les jeunes imaginations. Bien différente, la magistrature où l'on parle, où l'on agit, où l'on combat, apparaît comme une milice sociale sans cesse en campagne ou sur la brèche pour poursuivre le crime et faire respecter la loi.

C'est dans cette milice que La Bénodière avait décidé de s'enrôler. Il désirait une place au parquet, parmi ces officiers du ministère public dont on disait autrefois qu'ils étaient « les dépositaires de tous les intérêts du Prince et du public, l'asile des lois, le rempart de la justice et de l'innocence attaquée (1) », et qui, au travers de toutes nos révolutions politiques, ont su conserver la plus précieuse de leurs *franchises*, le droit de parler librement à l'audience.

Il accepta avec bonheur les offres de M. Raoul Duval et vint faire à Périgueux ce qu'il considérait. ce que M. Raoul Duval, lui aussi, considérait comme un stage.

. .

Le tribunal de Périgueux avait alors à sa tête deux magistrats d'élite que la Cour de Bordeaux a comptés plus tard parmi ses présidents les plus distingués. Le président de la Roque de Mons, avec des habitudes simples et des tendances libérales, était un magistrat grand sei-

(1) Guillaume Budé, *Traité de l'institution d'un prince.*

gneur, tel que nous nous figurons les nobles
parlementaires du siècle dernier. Fier, indépendant, parfois frondeur, il commandait le respect
et savait imposer partout l'autorité de son caractère et de son talent. Il avait l'intuition du
droit et saisissait le sens des affaires bien longtemps avant que les avocats eussent fini de les
développer.

Le procureur impérial, M. Vouzellaud, avait
grandi au barreau de Limoges. Il y était devenu, par son travail, un jurisconsulte érudit,
un orateur disert. Et puis, attiré lui aussi
vers la magistrature, il y avait hiérarchique-
ment conquis le poste de chef de parquet,
où la variété et la souplesse de ses aptitudes
avaient été au niveau de toutes les difficultés.
Travailleur assidu et modeste, consciencieux
jusqu'au scrupule, il surveillait lui-même tous
les détails de son administration, prenait des
notes à l'audience et n'osait affirmer sa décision
qu'après avoir lu et relu toutes les pièces des
dossiers.

Entre deux hommes de caractères et de tem-
péraments si divers, mais excellents tous les
deux, La Bénodière fut à bonne école pour
compléter son éducation judiciaire. Il gagna bien
vite la sympathie de l'un et de l'autre, et lorsqu'il les rejoignit plus tard, à Bordeaux, il

renoua avec eux des relations que la mort seule
a pu rompre (1).

. .

M. Raoul Duval avait particulièrement re-
commandé La Bénodière à l'intérêt et à la bonne
direction de M. Vouzellaud.

« Je serai bien aise, avait-il ajouté, que vous
me fassiez connaître quelle sera sur son compte
votre opinion, à laquelle j'attache beaucoup de
prix. »

(1) Dans le discours que La Bénodière, alors avocat-
général, prononça à l'audience de rentrée du 4 novembre 1873, nous lisons ce suprême hommage à la
mémoire de son ancien président :

« La mort nous a encore ravi l'un des deux chefs aimés
du Tribunal de Périgueux qui m'avaient si paternelle-
ment accueilli au début de ma carrière. M. le président
de La Roque de Mons, après de longues souffrances, s'est
éteint il y a quelques mois. La simplicité de sa vie et de
ses habitudes contrastait avec l'illustration de son origine. Comte, il ne portait pas son titre, fidèle en cela à
une vieille tradition des parlements. Il a voulu que son
convoi, dépouillé de toute pompe officielle, ne fût suivi
que par ses amis et honoré que par leur concours et leurs
prières. Aucun discours n'a été, par respect pour ses
volontés, prononcé sur sa tombe. Mais il acceptera, je
l'espère, d'une bouche qui lui fut chère et d'un cœur qui
lui est resté dévoué, une parole de regret et d'adieu.

« Je ne veux pas offenser l'humilité de ses derniers
désirs en rappelant ici tous ses mérites, son énergique
et intelligente direction des parquets de Bazas et de

Le 28 juillet 1853, M. Vouzellaud répondit :

« Monsieur le procureur-général, j'ai différé jusqu'à ce jour de vous adresser le rapport que je vous dois sur le compte de M. Fabre de la Bénodière. J'attendais, pour vous exprimer une opinion définitive à son égard, qu'il eût subi l'épreuve si délicate, si difficile, de la Cour d'assises. A l'audience d'hier, il a porté la parole dans une affaire que je lui avais confiée, et son succès a été si complet, si éclatant, que c'est pour moi un devoir de position de signaler d'une

mont-Ferrand, sa promptitude à saisir les affaires, la vivacité et la justesse de son esprit, l'indépendance et la sûreté de son caractère si éminemment magistral, la distinction avec laquelle il a successivement présidé le tribunal de Périgueux, les assises et les diverses chambres de la Cour... Je m'arrête.

« J'aime mieux montrer cette âme noble et généreuse s'affermissant et grandissant sous les coups de la mort.

« Elle s'approcha de lui comme par degrés; il la regarda en face, sans crainte et sans défaillance, étudiant, la main sur son cœur, les progrès du mal avec une douce et impassible résignation. Il a connu « cette langueur, ces abattements, ces diminutions », que Tertullien appelle « des *portions de la mort* », sans laisser échapper ni un murmure ni une plainte.

« Et quand il a distinctement entendu l'appel de Dieu, il s'est préparé, dans la pleine lucidité de ses facultés, par un acte de religion, libre et réfléchi, à aller rendre compte d'une vie consacrée tout entière au culte de la justice et du devoir ! »

manière toute spéciale ce magistrat à votre
estime et à votre bienveillance.

« Chargé de soutenir une accusation de faux
témoignage et de subornation, à l'occasion d'une
procédure criminelle, dont les détails n'avaient
rien que de trivial et de vulgaire, il a déployé
dans cette lutte des ressources infinies, et, cé-
dant, sans s'en douter, aux habitudes, aux tendances de son éducation et de son esprit éminemment distingué, il a su dégager tout d'abord
la question des lieux communs et des banalités
ordinaires aux débats de ces sortes d'affaires
devant le jury. Si nous avons obtenu contre un
grand coupable une condamnation juste et mé-
ritée au fond, mais sur laquelle l'information ne
nous permettait pas de compter d'une manière
positive, ce résultat, je m'empresse de le pro-
clamer, a été dû surtout à l'excellent réquisi-
toire du ministère public. Sa logique pressante,
les considérations d'un ordre élevé qu'il a pré-
sentées dans un beau et noble langage, ont
triomphé des difficultés d'une cause qui eût péri
dans des mains novices, et grâce aux efforts et à
l'énergie de l'organe de l'accusation, la répres-
sion ne s'est pas fait attendre...

« M. Fabre de la Bénodière vient de nous
donner la mesure de sa valeur personnelle. Il
commence comme bon nombre de magistrats

des parquets voudraient finir. C'est un magistrat plein d'avenir qui doit s'élever rapidement
dans nos rangs. Il serait regrettable que tant de
facultés heureuses fussent reléguées dans un
poste obscur de substitut d'arrondissement. Mon
collaborateur a lui-même marqué sa place dans
un chef-lieu d'assises. »

M. Vouzellaud, prévoyant le cas où l'un des
substituts de Périgueux obtiendrait un avancement sollicité et mérité, exprimait le désir que
La Bénodière fût appelé à le remplacer. « Ne
voyez pas dans ce langage, ajoutait-il en termi-
nant, l'expression d'un sentiment de bienveillance exagéré... Je ne me préoccupe que des
intérêts de la magistrature, de ceux de notre
grande famille judiciaire dont la force s'accroît,
dont la considération grandit lorsqu'elle reçoit
dans son sein des hommes qui, comme M. Fabre
de la Bénodière, se recommandent par les traditions d'une probité sévère, les qualités de l'âme,
l'éclat et l'élévation du talent. »

.·.

Le cas prévu par le chef du parquet de Périgueux ne tarda pas à se réaliser, et ses souhaits
furent satisfaits. La Bénodière, en janvier 1854,

échangea son poste de juge suppléant pour celui de substitut.

Cette promotion l'attachait définitivement au ressort de Bordeaux (1). Son père et sa mère vinrent s'établir avec lui pour ne plus le quitter. La société périgourdine apprécia vite les qualités mondaines du jeune magistrat ; mais, à Périgueux comme à Orléans, La Bénodière « comprit que, pour ne pas céder aux entraînements frivoles, il lui fallait, pour faire contrepoids, les attraits sérieux de la charité (2). »

Il s'affilia à la conférence de Saint-Vincent-de-Paul, et, dès la première assemblée générale qui suivit son affiliation, il fut chargé de faire le rapport des œuvres de l'année. Sensible à l'honneur de ce choix, il en remerciait ainsi ses nouveaux confrères :

(1) Le *Moniteur du Loiret* salua ainsi cette promotion : « Au plaisir bien sincère que nous éprouvons de constater les succès que promettaient d'éclatants débuts se joint pour nous le regret de voir définitivement enlevé au ressort d'Orléans un jeune magistrat dont le talent, si mûr déjà dans sa précocité, assurait une renommée et un fleuron de plus à notre barreau et à notre magistrature. »

(2) « Les plaisirs honnêtes du monde ne l'effarouchaient pas, mais il comprit que, pour ne pas céder aux entraînements frivoles, il lui fallait, pour faire contrepoids, les attraits sérieux de la charité. » (Discours prononcé par l'abbé Desbrosses, le 14 mars 1866, au mariage de La Bénodière.)

« J'ai été désigné, Messieurs, pour vous faire ce rapport. J'ai dû obéir au choix que notre président avait bien voulu faire du dernier venu d'entre vous, sans rechercher ce qui m'avait valu l'honneur de cette désignation. Peut-être est-ce ma qualité d'étranger, pour prouver qu'il n'y a pas d'étranger parmi nous, et que, de quelque côté que l'on vienne, on n'a besoin que de se reconnaître. Peut-être est-ce pour prouver que partout l'esprit de la Société est le même et que ceux qui ont été élevés et qui ont grandi dans une Société de Saint-Vincent-de-Paul, quelle qu'elle soit, peuvent être les interprètes des œuvres des Sociétés nouvelles qu'ils n'ont pas eu le temps de connaître encore. Peut-être... Je ne sais, mais, Messieurs, je réclame de vous l'indulgence de l'hospitalité : je n'ai qu'un titre pour la mériter, ce sont les sentiments que j'ai voués à cette ville, que je n'habite que d'hier, et pour laquelle je me sens déjà toutes les tendresses qu'inspire la patrie... »

.˙.

Périgueux ne pouvait cependant pas être pour La Bénodière une patrie définitive. Il y passa trois heureuses années, faisant beaucoup de bien, au parquet et ailleurs. Puis le moment

vint de poursuivre sa carrière. Il en était arrivé
à cette heure critique, où, pour gravir tous les
échelons de la hiérarchie, le substitut d'assises
doit accepter la direction d'un parquet d'arrondissement. L'évolution eût été pénible, je le
crois. Devenir chef de service et porter deux
galons d'argent à sa toque, c'est sans doute un
honneur fort appréciable, et qu'il eût apprécié.
Mais les travaux d'administration, de statis-
tique et de correspondance, dont les plus petits
parquets étaient, dès cette époque, encombrés,
auraient mal remplacé pour lui les luttes at-
trayantes de la Cour d'assises et de l'audience
civile, et, dans la plus agréable des sous-
préfectures, il aurait, plus d'une fois, regretté
Orléans et Périgueux.

On raconte bien que le premier président
Troplong, alors qu'il était procureur du roi à
Corte et à Sartène, y charma et utilisa ses
loisirs en préparant les savants *Commentaires*
qui, plus tard, l'ont rendu fameux. La Bénodière aurait-il eu le même courage? Peut-être!
L'épreuve lui fut épargnée. Un avancement
exceptionnel, que justifiait de reste son mérite
plus exceptionnel encore, l'appela de Périgueux
à Bordeaux.

Le 18 décembre 1856, on lisait dans le *Périgord :* « Nous avons enregistré la nomination de

M. Fabre de la Bénodière, substitut à Périgueux, comme substitut de M. le procureur
impérial à Bordeaux. Le talent de M. de la Bénodière devait l'appeler un jour à un poste plus
élevé que celui qu'il occupait avec tant de distinction à Périgueux. Mais nous n'en éprouvons
pas moins un vif regret de voir s'éloigner de
nous un magistrat auquel ses hautes qualités et
son caractère avaient acquis la sympathie de
tous. »

.·.

La magistrature et le barreau bordelais ont,
de tout temps, joui d'une grande réputation.
Il suffit de consulter les annuaires de 1856 pour
reconnaître que cette réputation était alors par-
faitement justifiée. A la Cour, les La Seiglière,
les Degrange-Touzin, les Fillhol, les Bouthier,
les Laroque de Mons, les Peyrot, les de Tho-
louze; au tribunal, les Gellibert, les Sarlat, les
Brétenet, les Klipsch; à la barre, les Vaucher,
les Faye, les Lagarde, les Lulé-Desjardins, les
Princeteau, les Brochon, les Lafont (je ne parle
que des morts), ont laissé des souvenirs que
le temps ne se presse pas d'effacer. La Bénodière, bien accueilli dans ce milieu où sa réputation l'avait précédé, y trouva la place due à son
caractère et à son talent.

Le parquet de première instance comptait alors quatre substituts chargés, à tour de rôle, du service des audiences civiles et correctionnelles et des travaux intérieurs du parquet. Je me suis laissé dire que, pour La Bénodière, les années d'administration furent presque des années de pénitence. En revanche, il aimait fort l'audience, et si l'on a quelquefois reproché à certains magistrats du ministère public de s'en rapporter trop souvent à la sagesse du tribunal, je serais très étonné qu'il eût jamais encouru pareil reproche. Ses réquisitoires étaient redoutés des avocats et ses conclusions pesaient sur les décisions des juges. Mais les assises lui manquaient ; aussi aspirait-il, non sans une certaine impatience, au légitime avancement qui devait le faire passer du tribunal à la Cour.

. .

C'est en 1863 qu'il revêtit la robe rouge et bientôt il se retrouva en présence du jury. Ses succès y furent éclatants.

Son ancien chef au parquet de Périgueux, M. Vouzellaud, devenu un des présidents d'assises de la Cour, l'appréciait ainsi dans un rapport adressé au garde des sceaux :

« M. de la Bénodière est tout à la fois, par un

heureux et rare privilège, un vigoureux dialecti-
cien et un brillant orateur. Il exerce sur le jury
une grande influence : son talent a grandi dans
la lutte et est aujourd'hui mûri par l'étude, la
méditation et l'expérience. »

Quelques mois plus tard, un autre président
d'assises, M. Klipsch, écrivait à son tour, après
la session de septembre 1864 :

« Toujours animé, dans l'exercice de son
ministère, de l'amour du juste et du vrai, ferme
dans ses convictions, M. Fabre de la Bénodière
excelle principalement par l'élévation de la
pensée, la pureté, la noblesse et l'élégance exquise du langage. Grâce à ces dons heureux, il
acquiert bien vite un grand ascendant sur l'esprit des jurés. »

. .

La grosse affaire de cette session, un détour-
nement de mineure, avait vivement ému l'opinion publique. L'attentat se compliquait d'igno-
bles trafics, et le principal accusé, qui avait
trouvé, dans sa fortune et dans sa situation sociale, la facilité du crime, espérait bien qu'elles
lui en procureraient aussi l'impunité. Les an-
nales judiciaires nous apprennent malheureusement que de semblables espérances ne sont

pas toujours des illusions. Rien n'avait été
épargné pour la défense. On avait fait venir un
des maîtres du barreau parisien, Me Victor
Lefranc.

C'est dans les affaires de cette nature qu'é-
clatait l'éloquence de La Bénodière. Sa parole
acérée fouillait et tranchait jusqu'au vif dans
toutes les perversités et toutes les turpitudes.
On la trouvait parfois sévère et dure : il ne s'en
défendait pas : son style, comme sa conduite,
n'admettait ni les ambages ni les concessions.
Son âme, éprise de justice, éprouvait pour le
mal une haine vigoureuse et une sainte colère
que la faiblesse et la misère seules réussissaient
à désarmer.

Il fut superbe ce jour-là : sa réplique surtout,
forte, logique, brillante, renversa tous les arguments de la défense, rétablit l'accusation, affer-
mit la conscience des jurés, et produisit dans
tout l'auditoire une impression dont les défen-
seurs des accusés eux-mêmes ne furent pas pré-
servés. On s'en aperçut lorsque Victor Lefranc
se leva pour répondre. L'embarras de l'éminent
avocat, inhabile à défendre les mauvaises causes,
trahit moins les défaillances de son talent que la
loyauté de son caractère et la générosité de son
cœur.

.·.

L'année suivante, La Bénodière fut désigné
pour prononcer le discours de rentrée à l'audience solennelle de la Cour. Il avait pris pour
sujet l'*Histoire de la Justice révolutionnaire
à Bordeaux en 1793.* En débutant, il expliquait
ainsi la raison de ce choix :

« Cette époque s'éloigne, les victimes en sont
disparues, les événements perdent de leur horreur par l'effet du temps et de la distance, et
l'on commence à oser, non seulement excuser,
mais exalter ceux qui mirent la *terreur et les
massacres à l'ordre du jour.* On réhabilite les
montagnards, on innocente Danton, on veut
faire de Robespierre un *prophète* et un *martyr.*
Laissez-moi penser que tant de crimes, de sang
et de larmes n'étaient pas nécessaires à l'avéne-
ment de notre société nouvelle ; que les grandes
et sages réformes désirées et soutenues par tous
les esprits éclairés et généreux pouvaient se
réaliser sans violences, sans qu'il fût besoin
surtout de faire tomber trois têtes royales ! Car
le sang qui assure le véritable progrès n'est pas
celui qu'on fait couler, mais celui qu'on donne
pour la justice et pour la vérité, et l'avenir

n'appartient qu'aux martyrs, jamais aux bour-
reaux ! »

Puis, dans un récit dont chaque affirmation
était appuyée de preuves irrécusables, il déroula
la lamentable série des vols, des délations, des
concussions, des assassinats qui, durant cette
année de deuil, ruinèrent et ensanglantèrent
Bordeaux. Il compara ces forfaits à ceux dont
Tacite a immortalisé l'infamie, et montra que la
tyrannie des Ysabeau, des Tallien et de leurs
misérables complices, avait, avec plus de lâcheté
et d'hypocrisie, égalé en horreur celle des Tibère
et des Néron.

Enfin, tirant la leçon de ces sinistres événements :

« Que le spectacle de cette époque désas-
treuse, dit-il, où la statue de la Justice et celle
de la Liberté étaient ensemble voilées, redouble
en nous le saint amour de la Justice. Ah !
soyons-en tous les fervents serviteurs, les mi-
nistres dévoués ; sachons, s'il le fallait, en être
les martyrs ! C'est la Justice qui fonde et qui
conserve les empires, qui élève les nations et
les préserve de ces sanglants abaissements dont
je viens de vous faire la douloureuse histoire ! »

. .

Tous les auditeurs de La Bénodière admi-
rèrent son éloquence, mais tous peut-être n'ap-
précièrent pas de la même manière le courage
patriotique qui l'avait inspiré.

Pourquoi évoquer des souvenirs attristants ?
refaire des procès jugés, rappeler des attentats
punis et oubliés ? Est-ce que les progrès de
notre civilisation et l'adoucissement de nos
mœurs ne nous garantissaient pas à jamais
contre le retour de semblables folies ?

C'est ainsi que beaucoup d'honnêtes gens
raisonnaient en 1865. Six ans plus tard, nous
avons vu une nouvelle Commune de Paris
répéter toutes les atrocités de celle de 93, et à
Bordeaux même, la guerre civile a été sur le
point d'éclater (1).

Et cependant, nous avons recommencé à
oublier. Voilà que les Parisiens élèvent des
statues à Danton. Espérons que les Bordelais

_____

(1) « Il s'en est fallu de très peu que l'émeute ne se
transformât en une insurrection caractérisée, qui aurait
pu mettre la main sur 100.000 fusils, 100 millions de car-
touches et 900 barils de poudre. » (Rapport du premier
président Raoul-Duval, 20 août 1871.)

n'en élèveront pas à Lacombe et aux autres
brigands dont La Bénodière nous a conservé les
hideux portraits.

．.

Au commencement de 1866, une place d'avocat-général devint vacante à la Cour de Bordeaux. Elle échut sans conteste à La Bénodière.
Au milieu des nombreuses félicitations que
lui valut cette promotion, un de ses amis, et
des meilleurs, lui écrivait : « Je ne suis pour-
tant satisfait qu'à demi ; un avocat-général
célibataire est une anomalie... J'attends avec
impatience l'occasion d'un second et plus vif
compliment... »

L'occasion ne devait pas tarder. La Bénodière avait près de trente-neuf ans. Au foyer
domestique, entre un père et une mère qu'il
chérissait comme il en était chéri, sa jeunesse
s'était prolongée... Mais le temps était venu
pour lui de chercher d'autres affections et de
s'imposer d'autres devoirs.

Dans une famille que les relations de la religion et de la charité, plus encore que celles du
monde, avaient unie à la sienne, il distingua
une jeune fille dont les qualités aimables et sé-
rieuses le séduisirent.

Le mariage fut célébré le 14 mars. L'abbé Desbrosses, vicaire-général, l'ancien aumônier du lycée d'Orléans, qui avait préparé La Bénodière à sa première communion et l'avait accompagné à Rome en 1844, vint lui donner la bénédiction nuptiale. Dans une touchante allocution, le saint prêtre rendit hommage à la piété sincère des deux fiancés, et leur promettant un avenir digne de leur passé, appela sur eux les grâces que la Providence accorde aux époux chrétiens.

.˙.

L'amour de la patrie est aussi une vertu chrétienne, surtout lorsque la patrie s'appelle la France. Tous les récits de notre histoire étaient familiers à La Bénodière : aucune de nos gloires ne lui était indifférente. L'épopée napoléonienne surtout l'enthousiasmait : il avait applaudi les héros de Sébastopol et de Solférino, dignes fils de ceux d'Austerlitz et d'Iéna ; et il en était arrivé à croire l'armée française invincible.

Nos désastres de 1870 le consternèrent. Qu'il me soit permis d'évoquer ici un souvenir personnel. Au milieu de l'affolement que nos premiers revers avaient jeté dans tout le pays,

un épouvantable forfait fut commis dans une
commune du Périgord. Un malheureux jeune
homme, parce qu'il appartenait à une famille
noble et qu'il avait eu l'imprudence de raconter
la victoire des Prussiens, fut saisi par une foule
ameutée, et, après des tortures inouïes, brûlé
vif sur la place publique.

La Cour de Bordeaux nous délégua, La
Bénodière et moi, pour aller à Nontron faire
l'instruction de cette affaire. Nous passâmes là-
bas les huit derniers jours de ce néfaste mois
d'août, visitant les lieux du crime, entendant les
témoins, interrogeant les inculpés, cherchant à
nous isoler dans ce pénible et douloureux travail, mais ne pouvant pas nous soustraire aux
angoisses dont tous les cœurs français étaient
tourmentés, attendant avec une fiévreuse impatience les dépêches et les journaux, et prompts
à accueillir les bonnes nouvelles, que les mauvaises ne tardaient jamais à démentir.

Le 4 septembre, nous avions achevé notre
mission et nous reprenions le chemin de Bordeaux, lorsque nous apprîmes la catastrophe de
Sedan... L'empereur prisonnier avec toute notre
armée... La France ouverte à l'ennemi... La
sinistre nouvelle se répandait peu à peu dans
les campagnes que nous traversions. Les popu-
lations que la fête du dimanche avait réunies

sur les places publiques, à la porte des églises,
s'informaient, insistaient, et quand elles ne pouvaient plus douter, se retiraient silencieuses et
désolées.

Nous rentrâmes à Bordeaux très affligés du
présent, très inquiets de l'avenir. Le lendemain,
on proclama la République. Ce ne fut pas pour
nous consoler, encore moins pour nous rassurer.

La Bénodière avait été nommé Chevalier de
la Légion-d'Honneur, le 15 août. L'ampliation
du décret était parvenue au Parquet de la Cour
pendant notre absence. M. le procureur-général
du Beux, qui allait être révoqué par le nouveau
gouvernement, il s'y attendait bien, voulut,
avant qu'un étranger eût pris sa place, remettre
lui-même, à son sympathique collègue, les in-
signes de sa nouvelle dignité, qu'il avait récla-
mée pour lui. La cérémonie fut tout intime.
Comme il fallait la présence d'un autre légion-
naire, le père de La Bénodière lui servit de
témoin.

. .

La révocation de M. du Beux fut immé-
diate, celle de La Bénodière suivit de près. Elle
affligea ses amis plus qu'elle ne les surprit ; il
avait l'habitude de parler haut et n'avait pas su

dissimuler son antipathie pour les hommes qui, dans ces jours de malheur, s'étaient emparés du pouvoir. Cela suffisait pour expliquer sa disgrâce. Il n'y eût d'imprévu que le choix de son successeur ; personne n'eût osé imaginer pareil contraste. Le nouvel avocat-général, si dissemblable à l'ancien, dut disparaître au bout de quelques mois.

Cependant, La Bénodière avait repris sa robe d'avocat, et le barreau de Bordeaux, *heureux de cette conquête* (1), s'était empressé de lui ouvrir ses rangs. Mais il avait la nostalgie de la magistrature, et ses amis, qui tenaient encore plus que lui à sa réintégration, s'empressèrent de la réclamer aussitôt qu'aux hommes du 4 septembre eut succédé le gouvernement de l'Assemblée nationale. Malheureusement l'éminent garde des sceaux d'alors, dans l'œuvre de réparation qu'il poursuivait avec beaucoup de scrupule, ne savait pas toujours se défendre de

---

(1) « Bordeaux, 16 novembre 1870. — Monsieur et très honoré Confrère, je m'empresse de vous annoncer que le Conseil de discipline, dans sa séance d'hier, vous a ouvert les rangs de notre barreau, heureux de cette nouvelle conquête.

« Recevez, Monsieur et très honoré Confrère, l'assurance de ma haute estime et de ma sincère confraternité.

« *Le Bâtonnier,*

« LAGARDE. »

ses anciens préjugés contre les magistrats de l'Empire. Justice n'était pas encore faite, lorsqu'en mai 1873 M. Dufaure quitta la chancellerie. Son successeur, mieux inspiré, n'eut pas ses hésitations. La Bénodière fut rappelé à la place qu'il avait si dignement occupée.

Son retour fut fêté à la Cour, pleine encore de ses amis. Le premier président et le procureur-général étaient nouveaux pour lui, mais, comme lui, ils appartenaient à la vieille magistrature (1). L'estime et la sympathie furent bien vite réciproques.

·.·

Le 4 novembre suivant, La Bénodière prononça le discours de rentrée. Il avait, comme en 1865, demandé son sujet à l'histoire de Bordeaux ; mais, cette fois, c'étaient des souvenirs de gloire et de vertu qu'il avait voulu évoquer en racontant la vie du premier président Ravez.

Dans un pareil récit, les allusions ne pouvaient manquer de se mêler aux souvenirs.

(1) MM. Izoard, premier Président, et M. de Gabrielli, procureur-général. — La Bénodière, quelque temps après sa réintégration, écrivait à un de ses amis :

« La Cour de Bordeaux a le droit d'être fière de ses deux chefs. »

« M. Ravez, dit l'orateur en débutant, a été
l'honneur de ces deux grandes familles de la
magistrature et du barreau qui sont les miennes
et qui m'ont fait, en des temps et des fortunes
diverses, un accueil si cordial, si affectueux, si
constamment bienveillant, qu'il me semble que
dans mon exil d'un jour, je suis entré dans
l'une sans quitter l'autre, et que, encore aujour-
d'hui, j'appartiens à toutes les deux à la fois ! »

Plus loin, appelé à parler de 1814, de l'héroïsme impuissant de nos soldats et de leurs
victoires éphémères *qui donnaient la gloire sans
donner le salut* (1), il s'interrompit pour songer
à 1870, et adresser au commandant du corps
d'armée de Bordeaux, un des vrais héros de la
défense nationale, ce magnifique salut :

« Que n'est-il à cette audience, notre glorieux
général d'Aurelles de Paladine ! Nous lui avons
dû, dans nos derniers malheurs, une de ces
heures d'enivrement, un de ces éclairs de bonheur, quand il rajeunissait, dans les champs
de Patay, les exploits de l'héroïne d'Orléans.
J'aurais été heureux de pouvoir, au nom de la
patrie en deuil, un instant consolée par lui, dire
encore une fois : Honneur et merci au vain-
queur de Coulmiers ! »

(1) Lacordaire. *Éloge du général Drouot.*

∴

Ravez, l'éloquent jurisconsulte, le citoyen intrépide, le grand patriote, le royaliste indépendant et fidèle, l'honneur de la magistrature et du barreau bordelais, avait été loué comme il devait l'être, et La Bénodière comptait un succès oratoire de plus. Hélas ! ce fut le premier dont il ne put pas faire hommage à sa mère : elle s'était éteinte, entre ses bras, quelques mois auparavant. Dieu avait, du moins, fait à cette noble femme la grâce de voir avant sa mort son cher fils vengé de l'injustice dont elle avait souffert plus que lui.

Ce deuil en présageait un autre. Le père de La Bénodière, déjà affaibli par la maladie, ne put pas réagir contre la douleur et ne tarda pas d'aller rejoindre au ciel la compagne de sa vie. Ainsi les jours mauvais commençaient à se mêler aux jours heureux dans l'existence de La Bénodière. La perte de ses parents l'affligea profondément. Sauf pendant les six premiers mois de sa résidence à Périgueux, il ne s'était jamais séparé d'eux, et jamais sa reconnaissance n'avait cessé de répondre à leur affection : « C'est à ma mère, se plaisait-il à dire, que je dois le peu que j'ai de bon. »

Il était trop chrétien cependant pour s'aban-
donner à la tristesse, et les enfants, qui se
pressaient déjà nombreux autour de son foyer,
y mettaient assez de joie pour adoucir l'amer-
tume de ses regrets. Mais d'autres préoccupations vinrent bientôt l'assombrir. Dans sa
jeunesse, il s'était attaché aux fonctions du
ministère public, les plus belles de la magistrature, disait-il. Il les considérait alors comme
absolument indépendantes de la politique. Depuis que la République avait remplacé l'Empire,
soit que les choses eussent réellement changé,
soit qu'il les vit sous une autre perspective, il
trouvait que cette indépendance n'était pas
suffisamment respectée.

« Je hais la politique, écrivait-il à un ami,
surtout la justice mélangée de politique. Je n'en
ai jamais fait et me sens peu de goût à en faire.
Après vingt ans de magistrature, je veux tran-
quillement finir ma carrière... »

Une place de conseiller était vacante ; il la
demanda et n'eut pas de peine à l'obtenir. Son
activité ne se ralentit pas : les rapports et
les délibérations de la Chambre du conseil va-
lurent les réquisitoires d'autrefois, et le brillant

avocat-général devint un président d'assises
excellent.

. .

Il avait espéré trouver dans la magistrature
assise un refuge contre la politique, et pendant
quelques années, en effet, on put croire que le
gouvernement républicain respecterait le principe de l'inamovibilité, principe écrit dans la
constitution républicaine de 1848, et à l'abri du-
quel, à travers nos révolutions trop fréquentes,
nous avions conservé des juges expérimentés,
impartiaux. indépendants. inspirant confiance au
pays.

On ne s'improvise pas magistrat ; aux intel-
ligences les plus vives et les mieux équilibrées
il faut cette maturité que le temps, l'étude des
lois et la pratique des affaires peuvent seules
donner. D'un autre côté, les bonnes traditions
nécessaires à la vitalité du corps judiciaire
ne se maintiennent que lorsque les nouveaux
venus trouvent. pour les initier, l'autorité
des anciens. Dans la magistrature comme
dans l'armée. les conscrits ont besoin des
vétérans.

L'opinion publique fut donc péniblement surprise lorsqu'en 1883. sous prétexte de réforme

judiciaire (1), le gouvernement demanda aux
Chambres le pouvoir de proscrire 850 magistrats. Il y eut des protestations, même à la
Chambre des députés, il y en eut surtout au
Sénat ; mais que pouvait la voix de la raison
alors que hurlaient toutes les rancunes et tous
les appétits? La loi fut votée, *l'une des plus
odieuses qu'un Parlement ait jamais votées,*
ainsi que la flétrissait le vieil orateur républicain
qui l'avait combattue.

Les listes de proscription parurent. La Bénodière eut l'honneur d'y figurer. Il était en
bonne compagnie : l'élite de la magistrature
française avait été frappée. C'était, j'emprunte
encore ce mot à M. Jules Simon, *une catastrophe !*

Ce ne fut pas sans une vive peine que La
Bénodière se vit exilé, pour jamais, cette fois,
d'une carrière qu'il avait rêvée, sans doute, plus
éclatante, aux jours de sa jeunesse, mais qu'il
avait acceptée telle que les événements la lui
avaient faite et qui lui était chère parce qu'il

(1) « Je vous demande de faire dans l'intitulé de votre
projet de loi une modification qui rendra votre position
en quelque sorte meilleure, parce qu'elle la rendra plus
nette. Mettez en tête : Réforme pour faire sortir de la
magistrature les magistrats dont les opinions ne sont pas
conformes aux nôtres... » (Discours de M. Jules Simon au
Sénat, 19 juillet 1883.)

y trouvait à satisfaire son goût pour l'étude, son amour de la Justice et son dévoûment au pays.

Il se retira dans sa famille et dans la Société de Saint-Vincent-de-Paul, son autre famille. Là, du moins, les désillusions et les déceptions ne devaient plus le troubler.

. .

Le 23 juillet 1883, les Conférences de Bordeaux, un peu en retard sur leurs sœurs de France, célébrèrent les noces d'or de la Société de Saint-Vincent-de-Paul. Dans l'assemblée gérale qui suivit les cérémonies religieuses, La Bénodière fut chargé de faire un rapport sur l'origine, les développements, la vie intime et extérieure de la charitable association que, dès son début, M⁵ʳ Donnet, l'illustre et populaire archevêque de Bordeaux, avait considérée *comme un grand bienfait de la divine Providence et un remède à bien des maux de la société moderne* (1).

Qui, mieux que de la Bénodière, pouvait traiter dignement un pareil sujet? Affilié à la So-

_____
(1) Lettre de S. E. le cardinal Donnet à M. Baudon, en 1874.

ciété dès l'adolescence (1), rapporteur de l'œuvre
des militaires à Orléans, organisateur de
l'œuvre des loyers à Périgueux, président de la
Conférence de Saint-Seurin à Bordeaux, partout
et toujours visiteur assidu des pauvres, leur pro-
diguant l'aumône de son argent, de sa parole et
de son cœur, il avait droit de rappeler, sinon
avec fierté, la fierté n'est peut-être pas une
vertu suffisamment chrétienne, du moins avec
joie et reconnaissance, les œuvres accomplies
depuis moins d'un demi-siècle par les enfants de
Saint-Vincent pour l'amour de Dieu et du pro-
chain.

Il retraça les modestes débuts de 1831 :
Ozanam ne songeant d'abord qu'à organiser
une fédération d'études et de travaux pour la
défense de la religion ; puis, mis en demeure, par
la discussion, de prouver la Foi par les œuvres
et changeant les conférences d'histoire en conférences de charité (2) : ses premières recrues
parmi les étudiants de Paris : sept au mois de

(1) « Il a passé, pour ainsi dire, des bancs du collège
dans les conférences de Saint-Vincent-de-Paul. » (Discours de l'abbé Desbrosses, 14 mars 1866.)

(2) « Que faut-il donc faire, demanda Ozanam à Le Tail-
« landier, pour se montrer vraiment catholique ? - - Ne
« pas tant parler, agir, aller aux pauvres et les secourir,
« lui répondit son ami ! » A l'entrée de la nuit, chacun
d'eux prit dans ses bras ce qui lui restait de bois pour

mai, cent aux vacances, se dispersant bientôt aux
quatre coins de la France pour l'évangéliser.

Il raconta comment Bordeaux, depuis longtemps préparée à la bonne nouvelle, grâce surtout à l'ardente charité du jeune prêtre qui devait être plus tard le premier évêque d'Alger (1),
s'était affiliée, en 1839, à l'œuvre parisienne. Il
rappela les conférences se multipliant dans les
paroisses de la cité, dans les villes de la pro-
vince, les noms les plus illustres s'inscrivant à
côté des plus obscurs sur les listes de l'association, la générosité, le dévoûment, le zèle de
tous, la fermeté de ceux qui surent maintenir
leur indépendance en 1861, l'héroïsme de ceux
qui moururent en martyrs sur les champs de
bataille de 1871, et l'humilité chrétienne ne per-
mettant pas à l'enfant de Saint-Vincent-de-Paul
de s'enorgueillir de ces efforts, de ces succès, de
ces gloires : « Avons-nous fait tout ce que nous

achever l'hiver et le porta lui-même à un pauvre. La
Société de Saint-Vincent-de-Paul était fondée... » (Rapport, p. 16.)

(1 « Devenu prêtre en 1825 et retenu dans le diocèse
comme missionnaire par Mgr d'Aviau et le cardinal de
Cheverus, de douce et sainte mémoire, l'abbé Dupuch
donna un libre cours à sa charité, fut décoré en 1835, en
récompense de son héroïsme pendant le choléra, et il
n'est guère d'œuvres à Bordeaux qui n'aient été fondées
ou développées par lui. » (Rapport, p. 20.)

pouvions, tout ce que nous devions dès lors?
s'écria-t-il... Remercions Dieu, du fond du cœur,
de toutes les grâces qu'il nous a accordées pendant ces cinquante années... Demandons-lui et
tâchons de mériter qu'il nous les continue...
Aimons-nous bien et aimons bien nos frères les
pauvres...

« *Ceux qui aiment les pauvres pendant leur
vie,* assure saint Vincent, *n'auront aucune
crainte de la mort : les pauvres viendront leur
ouvrir la porte du ciel !* »

Les applaudissements de toute l'assemblée
répondirent à cette voix qui, si terrible autrefois quand elle flagellait le crime, venait de se
montrer si douce en racontant les œuvres de
la charité.

. .

Elle n'était pas moins éloquente lorsqu'elle
se faisait simple, paternelle, entraînante, sug-
gestive (c'est le mot d'à présent), pour instruire
et charmer les enfants. Il y avait toujours eu, au
cœur de La Bénodière, « un amour profond de
la jeunesse, une ardeur sans pareille à la pousser
vers le bien (1) ».

(1) Discours adressé à La Bénodière dans une réunion
de la Conférence de Saint-Seurin (1866).

« La jeunesse, disait-il, dans une réunion des apprentis patronnés par la Société de Saint-Vincent-de-Paul, la jeunesse, c'est l'âge de l'action, c'est l'âge de l'entraînement pour le bien : on doit s'y donner tout entier, jusqu'au dévoûment, jusqu'à l'héroïsme, jusqu'au martyre s'il le faut, avec la grâce... Tout bouillonne en nous à cet âge de sève et de vie : ne comprimez pas ces forces vives, ces généreuses ardeurs de votre nature, contenez-les, dirigez-les, réglez-les, sanctifiez-les. Semez dans l'action, semez dans le bien, dans le dévoûment et la vertu, afin de recueillir un jour dans le contentement, dans l'honneur et dans la paix, afin d'être estimés comme de braves gens, de bons ouvriers, d'honnêtes pères de famille, et de trouver dans la sagesse et le respect de vos enfants la récompense de ce que vous aurez fait pour honorer vos pères et réjouir la vieillesse de vos mères. »

.·.

Lorsque se produisit la *laïcisation* des écoles, cette chose si nouvelle en France qu'il a fallu créer un mot nouveau pour la désigner, les chrétiens, mis en demeure de sauvegarder la conscience de leurs enfants, unirent leurs efforts et leurs ressources, afin d'avoir, à côté des

écoles publiques où il était défendu de parler
de Dieu, des écoles libres où il fût permis de
l'adorer.

Il en existait une dans la petite commune de
Portez, que La Bénodière habitait une partie
de l'année. Est-il besoin de dire qu'il en fut l'un
des plus zélés et des plus généreux protecteurs?
Est-il besoin aussi de rappeler quels conseils il
donnait aux petits écoliers dont il aimait à pré-
sider les fêtes?

« Nous voulons que vous soyez de bons
chrétiens et de bons citoyens, des hommes de
cœur et de dévoûment... Nous ne faisons œuvre
ni de politique ni de parti, nous restons seulement fidèles aux vieilles traditions d'éducation. »
(Discours de 1885.)

« Nous tenons à vous donner la religion
comme compagne au printemps de votre jeunesse. Elle est, croyez-moi, la force, la consola-
tion, l'espérance de la vie : elle seule commande
aux passions et prolonge l'enfance et l'innocence du cœur, hâte la virilité de l'esprit. » (Discours de 1886.)

C'est ainsi que La Bénodière trouvait encore
de bonnes œuvres à faire, de bons combats à
soutenir.

Les consolations non plus ne lui manquaient pas : lui aussi avait trouvé, dans la sagesse et le respect de ses enfants, la récompense de ce qu'il avait fait pour honorer et réjouir ses parents : ses filles grandissaient, charmantes, lui rappelant sa mère qu'il avait tant aimée. Un fils lui était né. « La main de la Providence, lui disait un de ses amis, sans doute un peu poète, s'est étendue sur vous : elle a égrené entre vos bras paternels comme les perles d'une parure, puis elle y a attaché un diamant. »

Quel soin il allait donner à la taille de ce diamant! Comme il se préparait à diriger l'éducation de ce fils dont il voulait faire un bon chrétien et un bon Français! Mais lui serait-il donné de vivre assez longtemps pour cela? Il se posait parfois cette question avec une inquiétude qui ressemblait bien à un pressentiment.

.⋅.

Un jour, la maladie fondit sur lui; ce fut d'abord comme une atteinte légère, un accident passager; puis, en dépit des soins les plus empressés et les plus éclairés, le mal s'aggrava : le doute ne fut plus possible. Sous une invasion lente, mais implacable, La Bénodière vit toutes les énergies de son organisme s'affaiblir,

s'altérer, se perdre! Les dernières années furent
pour lui, pour la famille désolée qui l'entourait,
impuissante à le secourir, un temps d'inexpri-
mables souffrances.

Dieu mesure les épreuves au courage, et,
dans cette maison, tout imprégnée de foi, d'espérance et de charité, le courage était grand.

La religion vint adoucir et consacrer la fin
d'une vie dont elle avait toujours été, au-dessus
des préoccupations terrestres, le premier soin et
le suprême but.

．．

Dans ce qui suivit la mort, tout fut aussi
profondément et purement religieux. Aucune
pompe mondaine ne se mêla aux cérémonies de
l'Église. Aucune députation officielle ne vint sa-
luer l'ancien magistrat, aucune escorte militaire
ne vint accompagner le chevalier de la Légion-
d'Honneur. Mais dans la vaste basilique de
Saint-Seurin, trop étroite ce jour-là, une foule
d'amis, magistrats, avocats, ouvriers, prêtres,
religieux, sœurs de charité, hommes et femmes
du monde, petits garçons et petites filles des
écoles chrétiennes, vinrent pleurer et prier.

Au pied de l'autel, à la place où La Bénodière s'était agenouillé tant de fois, son vénéré

et bien-aimé pasteur. M. l'archiprêtre Gaussens,
se fit l'éloquent interprète de la douleur de tous.

Voici son discours tout entier : rien de meil-
leur ne pouvait être mieux dit :

Un mot d'adieu à notre cher défunt ; un témoignage de
reconnaissance du pasteur au bon et dévoué paroissien qui l'a
si fort et si longtemps aidé dans son œuvre !

Mes frères, si M. de la Bénodière avait été seulement un
honnête homme, un père de famille estimé, un magistrat
savant et intègre, un brillant orateur, s'il n'avait été que cela,
nous nous tairions en cette douloureuse circonstance et laisse-
rions au monde le soin de louer des vertus qu'il admire, des
talents, des mérites, qui sont en effet dignes de louanges. Loin
de nous la pensée de rabaisser ou de mépriser ces dons naturels, qui sont encore des dons de Dieu et par suite dignes
de tout notre respect.

Mais il y avait en M. de la Bénodière autre chose que tout
ce que je viens de dire, il y avait le chrétien, le chrétien fer-
vent, le père de famille animé, guidé constamment par la
Foi ; il y avait surtout l'ami des pauvres ; et c'est en leur nom,
et comme leur naturel interprète, que j'adresse ces adieux et
ces remerciements au mort chéri que nous pleurons et qu'ils
pleurent avec nous.

La Foi était, chez M. de la Bénodière, un héritage de
famille, qu'il tenait d'une mère chrétienne, d'un père voué au
bien, et qui fut longtemps un des administrateurs zélés de
cette église. Elle s'était affermie dans le commerce d'un grand
évêque, dont il fut l'ami, de Mgr Dupanloup, qui s'était
emparé de cette jeune âme et lui avait soufflé ses nobles
sentiments et ses saintes croyances.

Cette Foi, notre regretté défunt eut toujours à cœur de la

transmettre vive et intacte aux siens. De là le soin si délicat, si persévérant, qu'il eut d'élever ses enfants dans les principes où il avait été élevé lui-même. Ces chers enfants, il suffit de les voir pour s'assurer que le père, le père chrétien et dévoué, a pleinement réussi dans son dessein. Quelle belle, quelle splendide couronne ils formaient autour de lui !

En est-il sur terre une comparable ? Que sont auprès de ces jeunes âmes, de ces âmes angéliques, si pures et si rayonnantes, que sont ces fleurs qui décorent aujourd'hui le cercueil du défunt et qui demain seront fanées ? Oh ! non, ces jeunes chrétiennes, se souvenant de leur père, de ses conseils, de ses exemples, soutenues et guidées par leur héroïque mère, non, elles ne cesseront pas de briller de l'éclat inaltéré de leurs vertus, et elles transmettront à d'autres l'héritage sacré qu'elles reçurent.

Ce qui a surtout distingué M. de la Bénodière dans cet ordre des choses de la foi et de la religion, c'est son amour pour les pauvres. Ce magistrat éminent, cet orateur remarquable, dont la parole élevée et vibrante faisait l'admiration du Palais et l'effroi des méchants, s'était épris d'une tendresse toute particulière pour les malheureux. Jeune encore, à Orléans, il groupait autour de lui l'élite des étudiants dans la conférence de Saint-Vincent-de-Paul formée par ses soins, et dont ils l'avaient élu président.

A Saint-Seurin, depuis trente ans, il dirigeait une conférence semblable, et avec quel zèle, avec quelle intelligence et quelle sagesse ! C'était la plus nombreuse, la plus brillante de la cité ; la jeunesse surtout y affluait, attirée par le charme et l'entrain du président, retenue par ses vives et spirituelles causeries, dont il assaisonnait et couronnait d'ordinaire les réunions. La conférence était sa grande préoccupation, l'objet constant de ses soins et de ses pensées ; et, comme un chef doit toujours l'exemple à ceux qu'il guide, il était le premier, le plus empressé, le plus assidu à visiter ses pauvres, et non

pas seulement les siens, mais encore ceux de ses confrères,
que l'âge, la maladie ou l'absence empêchait de remplir leur
ministère. Quelle échoppe, quel taudis, quel grenier ou quelle
cave n'a reçu la visite du bon Samaritain, dans cette paroisse
où ne manquent ni les échoppes délabrées, ni les greniers sans
air, ni les caves humides ? C'était le dimanche habituellement
qu'il accomplissait ces saintes fonctions, accompagné de ses
fillettes, tout heureuses de s'associer à l'œuvre paternelle et
de distribuer elles-mêmes, avec leurs sourires, le pain de la
charité aux pauvres.

Le prophète royal l'a dit : « Heureux celui qui comprend
le pauvre et qui l'aime ! Le Seigneur le délivrera aux jours
mauvais. Il lui portera secours sur son lit de douleur, et lui-
même retournera sa couche dans sa maladie, afin qu'elle lui
soit moins dure. » Nous l'avons vu dans notre cher défunt.

Ah ! sans doute, il lui a fallu passer par ces rudes épreuves
qui précèdent la mort, même des plus justes, que Dieu veut
purifier par là, qu'il veut rendre dignes de lui en les rendant
semblables à son divin Fils. Mais les consolations ont-elles
manqué à ses douleurs? La religion l'a fréquemment visité
dans son infirmité ; la prière a retenti assidûment autour de
son lit de souffrance. Dans les derniers temps, elle ne se
taisait ni le jour ni la nuit ; et lui, calme, silencieux, résigné,
semblait s'unir à ce concert de voix suppliantes, en ouvrant
un œil affectueux sur son épouse, sur sa jeune famille age-
nouillée et sur les amis qui l'entouraient ; et c'est comme
enveloppé de ces parfums suaves de la prière qu'il a rendu
paisiblement son âme à Dieu.

Opera illorum sequuntur illos. « Leurs œuvres les suivent, »
dit l'Esprit-Saint. Vos œuvres à vous, cher ami, c'est votre
foi vive et pratique, ce sont vos vertus chrétiennes, vos vertus
de père et d'époux ; ce sont vos charités, vos larges et inces-
santes aumônes ; ce sont les paroles douces et encourageantes
que vous adressiez aux affligés ; ce sont les institutions chré-

tiennes de toute sorte auxquelles vous avez prêté votre
concours actif et fécond : écoles, orphelinats, patronages.

De ces œuvres saintes que la religion vous a inspirées,
recevez là-haut la récompense, cette récompense éternelle que
Dieu leur a promise. Quant au reste, à tout ce que le monde
a loué, admiré en vous, force, beauté, santé, talents même,
savoir, éloquence, honneurs, dignités, à part le sage et utile
emploi que vous en avez fait, et dont Dieu vous tiendra
compte, qu'est-ce donc que la mort a épargné, a laissé de tout
cela ? Rien, un souvenir à peine, un regret amer que ces liens
naturels aient été si vite et si prématurément détruits. Répétons
donc, mes frères, répétons ces paroles du plus grand et du plus
sage des rois, paroles banales à force d'être vraies : « Vanité
des vanités, tout n'est que vanité, hormis aimer Dieu et ne
servir que lui. »

.᛫.

L'âme chrétienne. en acceptant la douleur,
sait s'affranchir des délicatesses et des effare-
ments mondains. La courageuse veuve de La
Bénodière ne recula devant aucun devoir.
Domptant la fatigue et l'émotion. elle accom-
pagna jusqu'à la tombe l'époux qu'elle avait si
longtemps et si énergiquement disputé à la
mort. Elle voulut être la dernière à prier auprès
du cercueil que la terre allait recouvrir.

.᛫.

« *Heureux celui qui, arrivé au terme de sa*
carrière, peut en remonter le cours sans y

rencontrer de défaillances, et dont la vie, dans son imposante unité, défie l'injure et commande l'estime et le respect de tous ! »

En adressant cet hommage suprême à l'éminent magistrat dont il racontait la vie, La Bénodière avait-il songé qu'il se trahissait lui-même et nous révélait l'idéal de ses aspirations? Je ne sais ; mais lui aussi a eu le bonheur qu'il semblait envier au premier président Ravez ; et quand, au jour de sa mort, amis et adversaires ont voulu remonter le cours de la carrière qu'il avait parcourue d'un pas si droit et si ferme, amis et adversaires se sont trouvés unis dans un même sentiment d'estime et de respect.

Le journal républicain de Bordeaux, *la Gironde*, écrivait, le 28 janvier 1891 :

« En dehors de ses tendances politiques, M. de la Bénodière était un magistrat de valeur et un homme de bien. »

L'auteur de cet éloge, si éloquent dans sa brièveté, se rappelait sans doute la belle définition classique de l'orateur : « *L'homme de bien, habile à parler.* »

Oui, La Bénodière fut un magistrat de valeur, profondément imbu de la science du droit et en parlant admirablement la langue, éloquent à l'audience, sage et prudent à la chambre du conseil, toujours ferme et impartial,

et ne se passionnant que pour la justice et la
vérité.

Oui, La Bénodière fut un homme de bien,
instruit de tous ses devoirs et les accomplissant
tous, sans pusillanimité et sans ostentation,
dévoué à ses amis, charitable aux pauvres, bon
pour ses enfants comme il avait été bon pour ses
parents, et patriote jusqu'à la passion.

Enfin, La Bénodière aima Dieu par-dessus
toutes choses et vécut toujours en chrétien.

Cette dernière vertu, cette vertu maîtresse,
fondement et couronnement de toutes les autres,
les journalistes de *la Gironde* ne se sont pro-
bablement pas inquiétés de la relever, mais les
amis de La Bénodière s'en souviennent, et ce
souvenir reste pour eux la meilleure des consolations et le plus précieux des enseignements.

Extrait de *Bordeaux-Journal.*

(27 janvier 1891.)

Nous apprenons avec le plus vif regret, que partageront tous nos lecteurs, la mort d'un homme dont la vie, le talent et la charité ont honoré notre département. M. Fabre de la Bénodière, chevalier de la Légion d'Honneur, ancien conseiller à la Cour d'appel, est décédé, hier, après une longue et cruelle maladie.

Le défunt a longtemps appartenu au parquet de la Cour de Bordeaux, en qualité d'avocat-général. Dans ce poste, il se fit remarquer par son éloquence et sa science juridique. Les membres les plus éminents du barreau trouvèrent toujours en lui un terrible adversaire, et les échos du Palais redisent encore les accents de cette mâle éloquence luttant parfois avec succès contre les arguments d'avocats aussi célèbres que Jules Favre, Lachaud, etc. Plus tard, M. Fabre de la Bénodière avait été pourvu d'un siège de conseiller à la même Cour. Excellent magistrat, esprit éclairé, savant modeste, le conseiller était très écouté et ses anciens collègues sont unanimes à rendre hommage à ses grandes qualités.

Toute sa vie, M. Fabre de la Bénodière resta fidèle à ses convictions catholiques. C'était assez pour que le gouvernement républicain se privât de ses précieux services. Le magistrat intègre fut sacrifié aux basses rancunes des sectaires, car il avait été nommé président d'une Conférence de Saint-Vincent-de-Paul. Cette marque de confiance des pauvres et

des catholiques fut sans doute regardée comme un crime ;
en effet, il fut une des premières victimes de la fameuse
mesure « d'épuration ». Il dut quitter la magistrature, qu'il
honorait par son caractère.

Dès lors, il se consacra plus que jamais aux œuvres de
charité. La Conférence de la paroisse Saint-Seurin, qu'il pré-
sidait avec tant de tact et de distinction, devint un modèle
où les jeunes gens des Écoles de droit et de médecine se donnaient rendez-vous. On sait avec quel zèle il s'occupait de la
loterie annuelle, avec quel dévouement il traitait les intérêts
des pauvres.

La fondation des écoles libres dans notre département
trouva en M. Fabre de la Bénodière un ardent champion. La
commune de Portets pourrait en témoigner.

En un mot, le défunt était entouré de la considération de
tous. Un gouvernement est très coupable lorsque, sans aucun
motif légitime, il se prive des services signalés d'un homme
aussi universellement estimé. Sa perte sera vivement ressentie.

Extrait du *Nouvelliste*.

(27 janvier 1891.)

Hier, nous avons eu le vif regret d'annoncer la mort de
M. Charles Fabre de la Bénodière, ancien avocat-général,
ancien conseiller à la Cour de Bordeaux. Nous croyons devoir
rappeler à nos lecteurs ce qu'a été cet éminent magistrat.

C'est sous nos yeux, dans le ressort, que toute sa carrière s'est écoulée : substitut du procureur impérial d'abord à
Périgueux, puis à Bordeaux ; substitut du procureur-général

et avocat-général, il eut l'honneur d'être révoqué après le
4 septembre, et reçut du barreau l'hospitalité sympathique que
l'Ordre des avocats ne marchande jamais aux hommes de
cœur. Réintégré plus tard et nommé conseiller, il fut mis
d'office à la retraite, lors de la mutilation de la magistrature.

Peu d'hommes cependant ont exercé avec plus de mérite,
de dignité, d'attachement au devoir, les fonctions du ministère
public ou celles du juge. Son intelligence était servie par une
instruction vaste et solide, par une extrême facilité de travail,
par un talent d'orateur remarquable. Sa parole nette, précise,
limpide dans les questions d'affaires, s'élevait, quand le sujet
le comportait, jusqu'à la véritable éloquence ; elle s'animait de
la passion de la justice, elle trouvait des formes originales,
saisissantes, pour en revêtir les arguments de sa redoutable
discussion. C'était d'ailleurs un homme du monde accompli,
un causeur étincelant, d'une bonne grâce parfaite, faisant
passer dans sa conversation, égayée par les saillies d'un esprit
charmant, les souvenirs recueillis dans ses voyages ou dans
ses relations avec les plus hautes personnalités. Son mérite
le désignait pour les emplois les plus importants ; il les eût
remplis, s'il eût eu plus d'ambition et moins de vertu.

En effet, ce magistrat, cet orateur, cet homme du monde,
était un chrétien qui pratiquait les vertus auxquelles ce titre
oblige. D'une générosité inépuisable, d'une bonté que rien ne
lassait, d'une humilité intérieure très réelle, d'une piété pleine
de foi, il avait tourné toutes ses forces vers le service des
pauvres. Pour eux, il se dépensait sans mesure, les visitant,
les soignant, les aimant de la même affection qu'il aimait sa
famille et ses amis. C'est qu'il ne faisait rien à demi et que
tous les mouvements de son cœur étaient précipités par la
plus ardente charité. Faut-il parler d'un des sentiments les
plus intimes de son âme, d'un sentiment auquel on ne pouvait
faire appel sans que je ne sais quoi de douloureux se peignît
sur sa physionomie ? Il avait le culte de la France, de sa gran-

deur, de sa gloire. Tous les coups qui avaient frappé son pays l'avaient frappé lui-même ; il en parlait comme d'un être vivant et souffrant dont il partageait l'existence, dont il ressentait les douleurs.

Tout cela a disparu, mais non pas entièrement. M. de la Bénodière a laissé dans l'âme de ses enfants la même foi, la même charité, le même amour des pauvres, qui ont été les mobiles de tous ses actes ; il a laissé au cœur de tous ceux qui l'ont connu une vénération et une affection profondes. Il restera pour eux, dans la sphère où il a plu à la Providence de renfermer son action, un serviteur de Dieu, de l'Église, de son pays et des pauvres.

~~~~~~~

Extrait du journal l'*Univers*.

(28 janvier 1891.)

M. Fabre de la Bénodière, ancien Conseiller à la Cour de Bordeaux, vient de mourir dans cette ville. C'était un magistrat de grand mérite. Il était né à Évreux et avait été nommé Chevalier de la Légion-d'Honneur en août 1870. On a de lui un intéressant travail sur la *Justice révolutionnaire à Bordeaux* et la *Commission militaire*.

Malgré son mérite, auquel tout le monde rendait hommage, M. Fabre de la Bénodière avait été mis à la retraite lors de l'épuration républicaine. Le *Temps*, que ce souvenir embarrasse, essaie de justifier le gouvernement républicain en invoquant les opinions réactionnaires très accusées de ce magistrat, qui ne les cachait point.

~~~~~~~

EXTRAIT DE LA *Revue catholique.*

(10 février 1891.)

Nous réservons d'ordinaire aux seuls ecclésiastiques cette partie de notre chronique diocésaine. Nous nous reprocherions de ne pas déroger à cette règle à l'endroit de M. Charles Fabre de la Bénodière, ancien avocat-général, dont il y a quelques jours nous suivions la dépouille mortelle au milieu d'une foule immense, où toutes les classes, où tous les partis, étaient confondus dans un même sentiment de douleur et de respect. M. de la Bénodière fut un grand chrétien ; son magnifique talent fut consacré uniquement aux nobles causes ; d'une vie remplie par les devoirs du Palais et du foyer, il sut employer une large part au service des pauvres, qu'il aima passionnément et dont il comprit toujours « l'éminente dignité ».

M. l'Archiprêtre de Saint-Seurin a rendu magnifiquement hommage à son vieil ami et fidèle paroissien, en un discours où il a laissé parler son cœur avec une haute et pénétrante éloquence.

Puissent tant de témoignages rendus à la mémoire du regretté défunt, puisse surtout le vivant souvenir de tant de bonnes œuvres et de si beaux services, consoler le cœur si cruellement blessé de sa veuve et ceux de ses chers enfants !

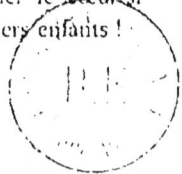

IMP. GEORGES JACOB, — ORLÉANS.

14